A sublimação

PSICANÁLISE PASSO-A-PASSO

Direção: Marco Antonio Coutinho Jorge

Ver lista de títulos no final do volume

Orlando Cruxên

A sublimação

ZAHAR

Jorge Zahar Editor Ltda.
rua Marquês de S. Vicente 99 – 1º | 22451-041 Rio de Janeiro, RJ
tel (21) 2529-4750 | fax (21) 2529-4787
editora@zahar.com.br | www.zahar.com.br

Composição eletrônica: TopTextos Edições Gráficas Ltda.
Capa: Sérgio Campante

CIP-Brasil. Catalogação-na-fonte
Sindicato Nacional dos Editores de Livros, RJ.

Cruxên, Orlando
C959s A sublimação / Orlando Cruxên. — Rio de Janeiro:
Zahar, 2004.
(Psicanálise passo-a-passo; 51)

Inclui bibliografia
ISBN 978-85-7110-816-5

1. Sublimação. 2. Psicanálise. I. Título. II. Série.

CDD: 154
04-2213 CDU: 159.95

Sumário

Elevações

Na alquimia, sublimação designava o processo de modificação radical que convertia o estado sólido em gasoso sem a mediação do estado líquido. Ao abordar a sublimação, Freud se utiliza de um termo de origem latina, *Sublimierung*, que indica um movimento de ascensão ou elevação daquilo que se sustenta no ar. Muito provavelmente ele estava ciente das inserções literárias da palavra. Goethe utilizava essa palavra vinculando-a a uma necessidade de trabalho do espírito, onde sentimentos e acontecimentos precisariam ser, como nos lembra B.S. Girons, "trabalhados, acomodados, sublimados".

Aristóteles, ao falar da representação na *Poética*, já alude ao fato de que existe ali uma depuração de sentimentos. Como assinala Regnault, o espectador pode se identificar com a piedade ou o pavor e realizar ali a *katharsis*. A ação representativa permite ao outro o reconhecimento das formas do "apavorante e do digno de piedade". Esse recorte formal possibilita um apaziguamento advindo do prazer estético e da purgação.

Nesse sentido, o primeiro momento da clínica freudiana, ao realçar a função da catarse, já indicava um vínculo com o sublime. A capacidade de sublimação do analisando será colocada como um requisito imprescindível ao trabalho analítico nos *Artigos sobre a técnica*, de Freud.

A sublimação consiste num destino *específico* da pulsão. A pulsão é um estímulo mental constante, com renovável poder de pressão, que visa a satisfação. Esta última implica a modificação apropriada do estímulo mental constante que se contenta, apenas, com um baixo nível de tensão.

Na fronteira entre o somático e o psíquico, o conceito de pulsão, em um primeiro momento, alude ao corpo como regido pelo princípio de prazer, marcando um salto em relação ao corpo biológico da medicina. O corpo humano possui um sentido, uma articulação entre as zonas erógenas e a esfera das representações.

A pulsão é bastante plástica. Vários caminhos são capazes de satisfazê-la. Eles podem se combinar. A satisfação de uma pulsão pode ser parcial ou inibida em sua finalidade. O próprio objeto, elemento através do qual uma pulsão se satisfaz, é extremamente variável. Ele se modifica ao longo da vida erótica de acordo com as conveniências da satisfação.

Ao sublinharmos essas características da satisfação pulsional, demonstramos que a pulsão é uma montagem humana histórica e singular. Ela prescinde de um objeto preestabelecido tal qual existente no mundo animal. Sua satisfação passa por uma pluralidade de encaminhamentos.

Ela pode ser recalcada, revertida em seu oposto, retornar em direção ao eu ou ser sublimada. Na sublimação, como veremos, a pulsão mantém seu teor sexual, modificando uma finalidade que de sexual passa a ser social.

Freud, em sua teoria do sublime, não deixa de evocar Platão. A psicanálise se constitui como corte em relação a outros saberes. Tal perspectiva não deixa, entretanto, de manter uma conexão direta ou inversa com outros campos de saber — como o da filosofia, de especial interesse no caso da sublimação.

A ascese platônica em direção à Idéia prega a substituição da ordem do sensível por aquela do inteligível. Nesse percurso inscreve-se uma modificação subjetiva. Ou seja, o sujeito se desenvolve num percurso que abandona prazeres sensitivos por ganhos espirituais. Não poderíamos deixar de ver, aqui, a convergência desta prerrogativa com a visão freudiana de sublimação.

Kant, por se referir a uma fluidez do sublime — que, em seu parentesco com a imaginação, fica livre da tutela do conceito — aproxima-se da idéia freudiana da sublimação como destino pulsional específico não-balizado pelo recalque.

Ecos da teorização hegeliana sobre a arte também se fazem ouvir na psicanálise. Assim, no tratamento do sublime objetiva-se elevar o espírito e adocicar a barbárie a fim de se ter acesso a um ganho moral.

Veremos em Freud a trajetória da noção de sublimação. A mesma se origina dentro dos impasses da satisfação pulsional direta, passa pelas exigências culturais coercitivas, até intercambiar um objetivo primeiro por um outro valorizado do ponto de vista estético e moral.

No processo sublimatório, o eu possui um papel importante por se constituir como instância capaz de reter uma reserva de libido, adiando a satisfação e deslocando energia para fins considerados mais nobres.

O estudo do caso de Leonardo da Vinci se faz necessário por amarrar todos os elementos da concepção freudiana sobre a sublimação bem como por se ter enriquecido das observações de Lacan. A sublimação do tipo "o mais raro e perfeito", foi marcada por um repúdio da castração e pela carência paterna. Sua suntuosidade adveio de uma inflação egóica, primazia do imaginário condensada numa intenção de máxima consciência. O trabalho de Leonardo, entretanto, fez com que ele saísse de uma posição subjugada na fantasia. Ele foi capaz de recriar seu desejo pela obra, obtendo uma modificação subjetiva aliada à pulsão de vida.

As considerações de Lacan sobre o amor cortês nos ajudam a compreender a sublimação como um trabalho em torno de um vazio. O amor cortês se constitui como um amor inibido dirigido a uma mulher que, por questões de classe social ou outras, é impossível. A Dama inacessível situa-se no lugar de um objeto último do desejo, intolerável. O criador trata, então, de acalmar o vazio centrífugo, voraz. Adentramos mais pormenorizadamente na *Arte de amar* de Ovídio, por encontrarmos ali algumas balizas da sublimação, como a inacessibilidade do objeto e a falta de complementaridade sexual. A necessidade de criação surge, precisamente, como uma tentativa de dar conta desses impossíveis.

Um amor platônico

Ao contrário de outros conceitos da psicanálise, a sublimação surge de maneira não-sistematizada na obra freudiana. Alguns autores, como Jean Laplanche, sublinham que ela deve ser considerada mesmo como um índice. Podemos tratá-la como um conceito aberto a reconstruções numa atitude bastante condizente com a proposta psicanalítica. Nessa perspectiva, é lícito perceber os destinos de determinados argumentos do campo filosófico na psicanálise.

Mais do que nos determos na pureza da concepção platônica, tarefa que delegamos à competência filosófica, abordaremos um Platão possível a partir da psicanálise, dentro de nosso tema de interesse. Temos, assim, linhas de raciocínio afins ou possíveis áreas de interseção de conjuntos distintos (o filosófico e o psicanalítico). A herança filosófica maior, a compor a espessura do conceito de sublimação, parece mesmo ter sido recebida de Platão.

A concepção de sublime em Platão articula-se à sua doutrina das idéias. A maiêutica consiste na capacidade do sujeito se recriar a partir de uma dialética ascendente, que o coloca numa linha de raciocínio qualitativamente superior ao antecedente. Ela age através da inquietação pela reformulação contínua e ampliação das formas de confronto com os problemas. O sujeito se modifica por si, apreendendo a verdade da idéia. Vemos aqui uma possibilidade de modificação subjetiva atrelada a uma valorização da idéia como essência, verdade que fala.

Tal dialética, entretanto, traz o defeito da incerteza ou da dificuldade conclusiva. Platão opera, portanto, uma transição epistêmica que, paulatinamente, desliga-se de posições socráticas em prol de uma filosofia própria. A doutrina das idéias visa solucionar o problema do conhecimento. Prega a existência de formas incorpóreas e transcendentes que seriam modelos para os objetos sensíveis.

A Idéia é um princípio julgado o mais sólido. Tudo o que concorda com tal princípio é considerado verdadeiro. Aquilo que discorda do mesmo é considerado falso. A Idéia é uma condição incondicionada do conhecimento, causa intemporal para os objetos sensíveis, elemento último a ser buscado.

A teoria platônica propõe uma ascese, elevação, que se revela surpreendentemente consoante com a definição freudiana de sublimação. Existe uma modificação subjetiva naquele que troca a ordem do sensível por aquela do inteligível. Há um ganho moral implicado nesse processo que se converte em ganho civilizatório para a humanidade.

O Banquete é especialmente interessante para o nosso tema. No todo, pode ser considerado um discurso sobre o amor e seus elementos de composição: o belo, o bem, o saber. Desenvolve-se numa ascese onde uma espécie de última palavra é dada à Diotima, uma mulher, este ser versado nas questões do amor.

A fim de nos determos apenas em alguns convivas, tomemos o discurso de Pausânias. Segundo ele, o amor carnal deve ser atribuído à Afrodite Pandêmia. Tal amor é impulsivo, visa mais o corpo que a alma daqueles que são mais desprovidos de inteligência. Tem como objetivo a efetivação do ato sexual sem qualquer preocupação de ordem moral. Uma satisfação pulsional é obtida, assim, de uma maneira mais direta, aproveitando-se, inclusive, de uma depreciação do objeto. Esse tipo de amor popular é considerado mau por Pausânias, uma vez que ele despreza a alma.

O amante do caráter, regido pela deusa celeste Urânia, busca no outro um conteúdo moral, a constância, elemento perene pertinente à Idéia. Temos aqui a moral como baliza das estratégias do desejo. O próprio amor grego, amor pelos jovens, inscreve-se dentro de prerrogativas morais bem estabelecidas. Tanto o amante como o amado valorizam as virtudes. Trata-se, portanto, de um amor pelo saber que provoca uma elevação subjetiva.

O retorno social desse tipo de enlace é nobre porque provoca grandes idéias nos governados e facilita o estabelecimento de associações inabaláveis. Agatão, ao tecer seu elogio de Eros, o deus do amor, vai apontá-lo como o mais belo, o melhor e o mais jovem dos deuses, dada a sua capacidade de se renovar constantemente. A beleza, sendo uma qualidade que envolve os objetos de desejo, atrai sempre a corrente amorosa.

Se cada discurso pode ser considerado como um salto ou uma retificação em relação a seu antecedente, a fala de Diotima — exposição alegórica que surge no discurso de Sócrates — condensa uma espécie de síntese dialeticamente superior e conclui o embate teórico do banquete. Sócrates desmonta os raciocínios de seus antecessores, mostrando suas falhas e inconsistências.

Nesse contexto, o amor não poderia ser um deus, posto que não se encontra em estado de plenitude. Seria, antes, um gênio ou demônio, na medida em que, sendo amor de algo, revela a falta que comanda sua busca. Sócrates opera um deslizamento do amor pleno, imaginário, ao desejo como possibilitado por uma falta, personificado pelo amante.

O amante quer o belo porque é bom, sendo o bom aquilo capaz de trazer felicidade. O desejo de conservar o bem abre o campo de articulação do belo e do bem com o imortal próprio à Idéia. O bem se associa à continuidade.

A própria criação inclui essas noções que se implicam em seu processamento. O belo é um aliado da concepção, musa que acalma e faz transbordar de júbilo aquele que concebe. O amor lida com a geração no belo, condição fundamental da imortalidade. A procura da imortalidade se converte num princípio universal descentrador, permitindo a saída de si. O universal estará presente na construção psicanalítica sobre a sublimação.

Na perspectiva platônica, a criação de seres, obras e idéias permite a perenização das lembranças que se atualizam através do exercício contínuo do pensamento. Encontram-se tais lembranças embutidas, como imortais, num mortal capaz de renovações.

A concepção na alma se apresenta como mais valorizada que a concepção física. Ela produz excelência, virtude. Traz renome e glória. De uma certa forma, o amor grego revela o descompasso entre a satisfação pulsional humana com o que seria uma gratificação instintiva, uma vez que o amado não é o complemento do amante. Seu poder de atração depende da esfera das representações.

A beleza dos corpos funciona como um quesito num ritual de iniciação. O amor por um único belo corpo suscita a criação de belos discursos. Se for a forma do belo o que interessa, então se pode passar da beleza de um para aquela de todos os corpos e daí para a beleza dos ofícios, das ciências, até se chegar à contemplação do belo. A contemplação sucessiva do belo marca um encadeamento que funciona enquanto suspense preparatório ao surgimento do deslumbramento na descrição do belo em si.

A ascese proposta no *Banquete* se esboça como uma metáfora da economia pulsional. O modelo primário de satisfação humana não prescinde do corpo. A pulsão, força constante de origem somática, representa uma excitação para o psíquico. A satisfação se dá como uma descarga pulsional onde uma tensão é levada a seu nível mais baixo. A importância do corpo, mesmo que por outro viés, é ressaltada no início da ascese platônica. O que a psicanálise nos ensina é que encontramos resquícios de zonas corporais também ao final do processo. O olhar, um de nossos objetos, está presente na contemplação do belo e no estado psíquico do deslumbramento provocado pelo mesmo. Haveria uma espécie de paridade entre o êxtase na idéia e o prazer próprio ao ato sexual. A energia é única e sexual. A sublimação troca um fim sexual por outro ideal e social. Ela sofre uma incidência moral que legisla sobre o desejo.

O deslumbramento, também presente em determinados relatos de êxtases religiosos, apresenta seus contornos com maior clareza no deslumbramento de Lol V. Stein, personagem de Marguerite Duras. No exato momento em que tem seu noivo roubado por outra mulher, Lol devaneia, passa de uma cena onde tinha um lugar sexual assegurado para outra, onde vai prevalecer um gozo mental.

No *Banquete*, a aliança entre o amor e a carne irrompe com a aparição de Alcebíades. Através de seu amor ferido por Sócrates, Alcebíades lamenta-se, vinga-se e tenta seduzir Agatão. Sua presença no simpósio surge como uma espécie de lapso no texto platônico. Ela revela apetites e cobiças, impossibilidades de excelência sublimatória.

A sublimação em Freud

Ao estabelecer o sentido do termo sublimação, Freud evoca, primeiramente, a depuração e a transformação. Relaciona-as ao desenvolvimento de fantasias que têm como objetivo proteger o sujeito da angústia. Esta operação se dá na direção de um enobrecimento.

Em 1905, o papel da vida sexual é melhor especificado. Freud toma como ponto de partida a pulsão de espiar. O campo visual revela-se propício ao despertar de excitações libidinosas que se dirigem à beleza do objeto sexual. O próprio conceito de belo, em alemão *reiz*, tem suas raízes relacionadas com o sexualmente estimulante, o atraente, o charmoso. O progresso civilizatório se encarregou de velar essas origens.

Dentro dessa mesma linha de raciocínio, o culto da vestimenta, tão valorizado em nossa cultura, esconde sua real função de manter acesa a curiosidade pelas partes ocultas do corpo. A civilização joga com o desejo na medida em que impõe um adiamento da satisfação. Ela fornece, assim, os véus encantatórios do objeto contribuindo para a manutenção de um desejo desperto.

A cultura é sublimante ao oferecer um caminho ascendente à pulsão. Ela pede ao olhar um desvio que vai dos órgãos sexuais ao corpo como um todo. Em revistas eróticas, os corpos nus são encobertos de beleza. O belo, no caso, não deixa de ser uma barreira do pudor. A pulsão parcial, de espiar, acaba trocando seu objetivo inicial, sexual, por outro considerado mais digno e valorizado socialmente.

Caso uma pulsão mantenha-se presa a um objetivo sexual primeiro, será necessário ao sujeito transpor a vergonha e a repugnância ligadas à barreira do recalque. Aí a pulsão pode ter um destino perverso.

O período de latência se caracteriza pela estratificação de impedimentos à sexualidade infantil. Nesse contexto, erguem-se a moralidade e os ideais estéticos. A própria imaturidade biológica do indivíduo dificulta o escoamento libidinal que se confronta, ainda, com os princípios coercitivos da educação e das regras de civilidade. Forma-se, portanto, um terreno propício para que o campo da estética absorva o objetivo pulsional primeiro, desviando-o.

As relações entre a criação literária e a fantasia inscrevem-se nesse processo. A fantasia é um bem precioso para o sujeito que a mantém sob segredo. Por outro lado, as normas sociais não incentivam sua expressão. Verdadeira herdeira da vida sexual, a fantasia geralmente sofre o recalque e alimenta o sintoma.

O escritor criativo, todavia, articula e expõe sua fantasia, criando uma cumplicidade com o leitor. Este, por sua vez, toma de empréstimo as fantasias do escritor para a realização de seus próprios anseios. O destino específico da fantasia do escritor é diferente do que seria uma saída perversa. O fetichista caracteriza-se por um acesso anti-social ao objeto. Gozar com um par de sapatos, por exemplo, não faz laço social.

O caráter universal da fantasia garante-se em seus referentes egoístas e eróticos. O culto de si surge atrelado a uma elevação do objeto. Dessa forma, o desejo é veiculado sob a retórica de uma idealização. A arte literária opera uma superação da repulsa tendo como principal trunfo o prazer formal que executa. O desprazer é superado, o recalque atenuado, e o próprio leitor toma coragem para se deleitar com as próprias fantasias.

Há um agente facilitador da sublimação: a pulsão é incapaz de satisfazer-se completamente. Um traço das primeiras exigências da civilização é assimilado e impulsiona o processamento de deslocamentos e diques pulsionais, fazendo com que a vida seja um drama, um romance familiar, uma pequena ou grande obra.

No percurso de uma dessexualização pulsional, coloca-se o eu, instância psíquica nodular nesse processo. O eu se forma historicamente a partir dos primeiros investimentos libidinais que proporcionaram prazer e foram internalizados. Sua estrutura indica o acúmulo daquilo que se transformou nas primeiras identificações. A dependência em relação a objetos capazes de proverem satisfação deixa o eu em posição de constante perigo de esvaziamento, dada a possibilidade de perda desses objetos e das conseqüentes gratificações. Torna-se econômico, portanto, reter um capital de libido, adiando a satisfação para um momento mais adequado.

Tal processo precisa atender às exigências de ideais que são referências a partir das quais o eu se avalia. Esses ideais compõem o *ideal do eu*. A pulsão é, assim, dessexualizada, defletida a partir das exigências do ideal do eu e do ganho obtido por manter algum amor no eu, narcisismo secundário.

Entretanto, um ideal do eu elevado, o que em si facilita o recalque, não implica uma boa saída sublimatória. Na sublimação, o ideal do eu incita, inspira, sem deixar traços de agentes coercitivos como a censura moral ou outros inibidores. A sublimação herda toda a força da pulsão sexual, o que fazia Freud até mesmo esperar uma grande produção erótica dos artistas. Ao contrário, um elevado ideal do eu relança o caráter proibitivo das instâncias paternas, refratando as pulsões e deixando, muitas vezes, o sujeito inibido.

O eu retira para si um investimento, reorientando-o para um objetivo, a partir de então, assexuado. Joga com um objeto valorizado culturalmente, sem se ater aos meandros da mentalização e da postergação neuróticas. Se Freud, inicialmente, pensou o mecanismo da sublimação a partir da *formação reativa* da neurose obsessiva, posteriormente ele demonstra seu delineamento sem envolver aí o recalque. A formação reativa é uma atitude que reforça a direção oposta ao impulso recalcado. A forte atividade mental da neurose obsessiva implica um tipo de defesa que paralisa a ação, o que não ocorre na atividade sublime.

Ironicamente, se a dessexualização visava inicialmente uma função protetora, ao expulsar libido ou investimentos objetais, ela acaba se entrelaçando com a pulsão de morte. Tal fator se presentifica numa instabilidade singular do processo sublimatório e em sua afinidade com a angústia.

Um estudo de caso pode esclarecer a articulação entre as moções pulsionais, a fantasia e o investimento narcísico presentes na sublimação. Freud tinha um apreço especial por seu estudo sobre Leonardo da Vinci e o considerava como suas mais belas páginas.

O caso Leonardo da Vinci

As condições de produção de um gênio como Leonardo foram dadas pela Renascença italiana. O retorno a um ideal grego de beleza, um universo de precisão nascente e a necessidade da Igreja e da aristocracia se perpetuarem, resultaram em um transbordamento de obras — provas de poder, riqueza e corte com o período medieval.

O terreno propício ao discurso científico impulsionava o amor pela natureza, incentivando a observação. Um pintor honorável era chamado de macaco da natureza, uma vez que a imitava com perfeição. Em relação a isso, Leonardo vai um pouco mais longe ao descentrar a representação religiosa de seu caráter sisudo e introduzir a alegria em temas sagrados. Sua avidez de saber, entretanto, situa-o dentro das ambições acadêmicas do Renascimento. Essas linhas de um cientificismo, Leonardo as colheu com dificuldades, enquanto autodidata, posto que ele foi um artesão e não um homem de letras. Sua formação pragmática surge no que ele melhor desenvolveu, a fabricação a partir de um saber-fazer, *savoir-faire*. Este saber específico se utiliza da intuição e da força pulsional na concretização de fantasias.

Leonardo nasceu na cidade italiana de Vinci, região da Toscana, em 1452. Filho ilegítimo de Piero e Catarina, viveu seus cinco primeiros anos com a mãe. Após este período, ficou sob a responsabilidade do pai e da madrasta, D. Albiera.

Contingências do destino fizeram com que Leonardo passasse o determinante período da primeira infância com a mãe amorosa. Esta o marcou muito, tendo sido seu principal modelo identificatório. Entretanto, ela não foi capaz de fazer referência a Piero como objeto de seu desejo. A mãe é a responsável pelo processo que confere à criança as insígnias do pai. Catarina superestimou Leonardo não mostrando ao mesmo algo que indicasse um para-além da maternidade. Leonardo desenvolveu, assim, uma carência paterna e uma impossibilidade de identificação sexual masculina. Esses elementos contribuíram para o estabelecimento de um homossexualismo ideal ou platônico. Ou seja, a posição de Leonardo foi homossexual, mas bastante inibida quanto à realização sexual concreta.

Tal escolha se revelou correlativa a uma sublimação do tipo "o mais raro e mais perfeito", o que podemos chamar de *sublimação de excelência*. Isto porque Leonardo colocou sua atividade pulsional a serviço da criação, da produção exaustiva nos mais diversos campos: da arte à elaboração de instrumentos de guerra (verdadeiro visionário, ele antecipou em projetos o pára-quedas, o helicóptero e o submarino).

Ao que tudo indica, o exercício da sexualidade foi secundário em sua vida. Ele chegou mesmo a declarar que a única coisa que tornava o ato sexual suportável era a beleza dos rostos envolvidos no enlace. Freud se mostrou intrigado com as poucas alusões eróticas nos desenhos e nas pinturas do mestre.

Num desenho sobre o coito o aparelho genital do homem está bem desenhado. Já o sexo da mulher se apresenta inacabado. As linhas que deveriam designar o útero são completamente confusas. Ao desenho, segue-se a representação de um pênis com um corte perpendicular ao eixo onde a parte anterior faz um ângulo de noventa graus com a parte posterior e os testículos. O desenho constitui uma verdadeira representação da *cena primitiva*, evento traumático real ou fantasiado responsável pela fixação das representações inconscientes do sujeito bem como por sua posição sexual. Para Leonardo, diante da cópula parental, sua castração imaginária é evocada, a partir de uma equivalência entre o feminino e o castrado. Ele se identifica com o feminino e alude, assim, à perda do próprio pênis.

O ideal do eu em Leonardo foi materno. O artista se identificou com a mãe e escolheu seu objeto de desejo baseado no que ele mesmo fora para esta mãe. Sua fantasia original, que discutiremos em seguida, demonstra como a mãe surge dotada de atributos masculinos. A fixação dessa fantasia ocorreu num período de crença universal no falo, quando a criança não registra a diferença sexual acreditando que tanto os homens quanto as mulheres possuem pênis. Veremos como esse evento influenciou a criação de Leonardo articulando-se ao que Lacan nomeou visada sublimante.

Leonardo acreditava estar fundamentalmente predestinado a se interessar por pássaros porque freqüentemente lhe chegava ao espírito uma primeira lembrança de que, ainda no berço, um milhafre (ave de rapina) desceu, abriu sua boca com a cauda e, repetidas vezes, bateu em seus lábios com a referida cauda.

Trata-se, aqui, de uma fantasia surgida como lembrança e reportada pelo sujeito à sua primeira infância. Através de um cuidadoso trabalho de reconstituição, Freud traduz o conteúdo erótico dessa fantasia.

A palavra cauda (*coda*, em italiano) é um símbolo do membro viril em várias línguas, inclusive no italiano. A ação que encontramos na fantasia, uma ave de rapina abrindo a boca da criança e batendo na mesma com a cauda, corresponderia ao ato da felação. Um deslocamento ou metonímia teria transformado o seio, da experiência original de satisfação oral, em pênis. Há uma montagem passiva nesta fantasia onde a criança sofre uma ação por parte de um agente. Freud vai se interessar, principalmente, pela transformação da mãe em ave de rapina.

Um problema se coloca desde o início: Freud baseou suas considerações sobre a mãe fálica em um erro de tradução. A palavra escolhida para traduzir *nibbio* (milhafre), foi *Geier*, que significa abutre em alemão. Assim, um certo número de observações freudianas sobre a relação entre a mãe e o abutre tornar-se-iam caducas uma vez que Leonardo se referiu ao milhafre e não ao abutre. Entretanto, o erro freudiano deve ser considerado um lapso feliz, um achado dentro do faltoso. Ele acabou sendo profícuo, ajudando a elucidar uma questão de estrutura. Freud tem, enfim, a oportunidade de introduzir na teoria o conceito de *mãe fálica* e suas conseqüências para a criança durante o período de Édipo. Algumas características da mãe fálica — androginia, virgindade, inveja do pênis — são elucidadas graças ao bom engano de Freud.

Nos hieróglifos, a mãe era representada pela imagem de um abutre. Os egípcios veneravam uma deusa mãe, *Mut*, simbolizada com uma ou várias cabeças, onde uma delas, pelo menos, era de abutre. Essa mãe andrógina, portando também vários seios e um pênis em ereção, mostra uma combinação de características que encontramos na fantasia de Leonardo. Em seus escritos, ele cita uma fábula onde um pássaro fêmea desenvolve um amor desenfreado pela prole, beijando-a e abraçando-a tão fortemente que termina por lhe roubar a vida.

Os egípcios acreditavam que o abutre era sempre fêmea e por isso o consideravam como um símbolo da maternidade. A fecundação efetuar-se-ia em pleno vôo, quando este pássaro abriria a vagina para ser fecundado pelo vento. Leonardo não poderia ignorar esta informação já que, em sua época, ela era veiculada a fim de justificar o dogma da virgindade de Maria na concepção de Jesus.

Leonardo, em sua fantasia, foi também um filho de mãe andrógina. Para a fixação desta fantasia foi necessária uma operação de *desmentido*. É natural, na vida infantil, que um poder enorme seja atribuído à mãe, resultando na crença de que à mãe não poderia ser subtraído o falo. Algumas pessoas, diante da confrontação com o sexo feminino, desenvolvem um horror à castração e investem em elementos que antecedem o evento traumático. Mantêm o paradoxo de inscrever a castração mas de, ao mesmo tempo, desmenti-la, valorizando representantes relacionados com a crença anterior no falo materno. Rejeitam um fragmento de realidade (as mulheres não possuem um falo) por não suportarem a ameaça de castração intolerável para o narcisismo. O sujeito passa a sofrer, então, uma divisão que mantém o paradoxo de afirmações opostas: a mulher tem o falo, a mulher não tem o falo. O triunfo do desmentido implica um retrocesso que conserva o sujeito como presa de envelopes maternos. Ao sustentar a crença no falo materno, o sujeito se mantém sob o jugo do desejo da mãe e de um gozo advindo da maternidade.

A representação da Santa Virgem e o Menino Jesus, valorizada por tantos pintores, articulou-se à fantasia de

Leonardo. No início da Renascença, havia uma tradição oral que tencionava colocar em evidência a Humaníssima Trindade, composta por Sant'Ana, a Virgem e Jesus, considerada por alguns como superior à Santíssima Trindade. A temática fisgou Leonardo, ajudando-o na expressão de seu drama. Envolvido com duas mulheres, D. Albiera e Catarina, ele próprio tomava uma outra criança, representada por São João Batista, como uma referência para seu desejo. Do esboço inicial ao quadro final que se encontra no Louvre, *Sant'Ana, a Virgem e o Menino Jesus*, Leonardo realizou uma travessia. Se no desenho preparatório do quadro mencionado, Sant'Ana e a Virgem surgem confundidas, na finalização da obra elas se apresentam separadas. A leitura freudiana nos permite dizer que, ali, o pintor conseguiu um distanciamento em relação à sua fantasia fundamental.

Ao separar Ana de Maria no quadro do Louvre, Leonardo tem acesso a uma primitiva realização do desejo. Ele reencontra o feliz sorriso de sua mãe, resultante das primeiras efusões amorosas. Movido pela força deste desejo reconquistado, transformando a fantasia em obra, ele se torna capaz de sair de uma posição de objeto atormentado, passivo, para uma outra de agente, sujeito.

Vemos o resultado disso na vertente pictórica subseqüente, através da aura de tranqüilidade e dos ternos sorrisos dos efebos apresentados: andróginos ainda, não baixam mais os olhos e nem carregam o peso de uma fustigação relacionada com a fantasia originária. Portam um segredo e uma felicidade, provavelmente um segredo de amor.

Através da arte, Leonardo percorreu uma via que operou uma modificação subjetiva posto que elaborou e socializou sua posição de aprisionamento na fantasia. Pôde se separar do objeto atormentador, o milhafre, representante de um desejo materno, resgatando assim seu próprio desejo.

Na sublimação, o sujeito se libera da intensa erotização provocada pelo amor materno. A totalidade capaz de atender a demanda materna se transpõe para a obra como uma forma de representação da perfeição. Tendo a sublimação como ponto de partida o Outro primitivo, materno, não deve nos espantar a alegação freudiana de que a imagem da Virgem seria idolatrada pelos artistas. A sublimação tem aí sua fonte. Ela trata, porém, de inverter o seu vetor, deserotizando um campo incestuoso de origem. A confecção da obra reproduz o próprio processo que afligiu o artista. Trata-se de uma suspensão da Dama nos dois sentidos do termo. Anulam-se os efeitos de um amor materno incondicional. Utiliza-se a retórica artística com fins de enobrecimento. Ao fim do jogo, o parceiro da sublimação, o público, é convocado a fruir e testemunhar esse circuito pulsional.

A mãe deve permitir à criança o acesso à ordem simbólica, paterna. Assim, a criança se torna capaz de nomear as ausências e presenças deste primeiro objeto. Na medida em que a mãe não faz referência a um terceiro que mediatizaria seu desejo, ela surge para a criança como uma potência, permitindo-lhe apenas uma simbolização arcaica ao lhe manter subserviente às suas necessidades eróticas.

Durante vários períodos de sua vida, Leonardo apresentou dificuldades em seus trabalhos, relutância em concluí-los e indiferença em relação ao destino final de algumas obras. Costumava ser bastante perfeccionista, descobrindo defeitos em obras bem resolvidas. Passava horas do dia em frente a um quadro, sem tocá-lo. Enfim, o mestre apresenta um sintoma de inibição refletido em seu posterior desinteresse pela pintura. Por outro lado, idéias antagônicas, que indicam uma cisão do eu, parecem ter guiado o psiquismo desse grande homem.

Para além do amor e do ódio, Leonardo escolheu a indiferença. O amor deveria ser controlado, subordinado à reflexão e somente aceito após passar pela prova do pensamento. Frutificou nele a avidez de conhecimento, uma transfiguração da ciência em emoção religiosa, responsável por uma transição entre a atividade de pintor e a de cientista. Uma parcela significativa do dominante impulso de investigação desalojou o interesse sexual durante a maturidade.

Um criador não deixa de ser pai de sua obra. Leonardo repetiu a carência paterna ao se ater ao inacabado de sua produção. Seu desdém por seus trabalhos foi um reflexo do próprio desinteresse do pai em relação a ele nos primeiros anos da infância. Com seu benfeitor, o duque Ludovico Sforza, Leonardo reviveu um fracasso paterno. Escreveu, na ocasião da morte do duque — feito prisioneiro em uma fortaleza da França — algo que se aplicava perfeitamente à sua pessoa. O duque perdera seu ducado, sua propriedade e liberdade, nunca havendo terminado nenhuma de suas obras. Leonardo responsabilizou alguém do complexo paterno, o duque, por sua tendência a deixar obras inacabadas.

Entretanto, seu pai fora um cavalheiro para a pobre Catarina, possibilitando ao artista uma identificação nesse sentido e impulsionando a rivalidade e a rebeldia. Tal intuito surgia na vontade de destronar o pai e mostrar o que vinha a ser um verdadeiro senhor.

A rebeldia surge como um traço infantil de sua ousadia como criador e independência na criação científica. Costumava criticar aqueles que se utilizavam da memória ao invés da inteligência própria na sustentação de opiniões. Defendia, sim, a capacidade de observação e inventividade daqueles capazes de julgamento próprio. Por outro lado, ao venerar a mãe natureza como o principal enigma a ser elucidado pelo homem, Leonardo se mostrava afável e fervoroso em relação à sua própria mãe.

Se, geralmente, as pessoas se apóiam na autoridade paterna em busca de reconhecimento, encontram também nela forças inibidoras. Nosso personagem prescindiu do freio paterno, o que tornou sua ulterior investigação científica livre, excluindo o elemento sexual.

O próprio sentimento religioso se sustenta no complexo paterno, tendo sua origem nas necessidades infantis de um longo período de dependência. Retorna como um apelo a forças protetoras, tão logo o sujeito se depara com sua fragilidade e desamparo ante os sofrimentos da vida. Leonardo optou por resolver sozinho esse problema. Foi incrédulo numa época extremamente susceptível quanto aos assuntos religiosos, chegando mesmo a ser acusado de herege.

Diversos trechos de sua escrita demonstram seu espírito ateu. Critica o hábito de se rezar diante de imagens de santos. Lamenta a ignorância ocidental de chorar a morte de um único homem, Jesus, nascido no Oriente. Confere um certo caráter pagão à sua pintura de figuras sagradas. Torna-as humanas, representando nelas beleza, sensualidade e toda uma nuance de emoções que estudou pormenorizadamente.

Leonardo, como vários outros grandes, manteve-se criança. Foi um ótimo criador de brinquedos mecânicos, que exibia em ocasiões comemorativas para o grande prazer dos convivas. Desenvolveu brincadeiras, disfarces, fábulas e adivinhações. Mostrou, assim, a origem do fantasiar, ligada à seriedade com que as crianças empreendem seus jogos, enquanto desfrute de um prazer erótico não-inibido.

Sua atitude de rebeldia em relação ao pai marca uma posição de desafio que foi benéfica a seu trabalho. O desafio, aliás, está presente em muitos artistas, caracterizando os cortes e inovações que propiciam a esfera das artes. No ofício do trovador ou do cantador, o desafio se mescla com a improvisação, fazendo surgir uma réplica que desmonta o argumento provocador. Nesse contexto, o desafio é um motor formal do processo criativo.

O método de Leonardo

A sublimação em Leonardo obedeceu a uma modulação imposta por três movimentos. Inicialmente, o interesse pela pintura coloca o artista na via da pesquisa. Assim, ele estuda as leis da luz, das cores, das sombras, da perspectiva e do corpo humano. A investigação científica acaba desalojando seu vínculo com a pintura. Por fim, Leonardo reencontra uma mulher que evoca o feliz e sensual sorriso de sua mãe. Uma regressão se opera, então, mostrando-se benéfica a seu trabalho artístico.

A *pulsão de saber* se funda no período de pesquisas sexuais infantis, quando a criança formula suas teorias sobre a origem dos bebês, a diferença sexual etc. Ela se articula a dinâmicas anteriores àquela colocada pela castração: problemáticas orais, anais, relativas ao olhar. De fato, encontramos aqui teorias que visam dar conta do desejo e de seu objeto. Durante o estágio anal, por exemplo, o objeto fezes inscreve-se numa dialética de retenção e de dádiva que caracteriza toda uma perspectiva pulsional. Apenas a castração faz barragem à pulsão de saber. A angústia suscitada provoca um não querer saber mais nada sobre isso, destino habitual desta pulsão no neurótico. Diante da possibilidade de uma perda corpórea imaginária, "descoberta" durante as pesquisas sexuais, a pulsão de saber é freada. A origem *sexuada* do ser evoca o fato de que somos *seccionados*, que devemos lidar com uma fratura que causa nosso próprio desejo. Esta fratura é vivida como um golpe narcísico que inibe a pulsão de investigação.

Leonardo escapa à inibição neurótica do pensamento. O recalque não chega a enviar ao inconsciente um representante da pulsão parcial do desejo sexual. A libido que se subtrai ao recalque através da sublimação liga-se à potente pulsão de investigação a fim de se tornar mais forte. Assim, a pulsão pode agir livremente em prol do interesse intelectual.

Após ter colocado em obra sua avidez de saber ligando-a às pesquisas sexuais infantis, Leonardo sublimou uma grande parte de sua atividade pulsional, o que foi responsável pelo empobrecimento de sua vida sexual.

O fato de o pai não ter incidido de uma forma eficaz no psiquismo de Leonardo fez com que seu inconsciente permanecesse fechado, por sua ligação a uma mulher sem abertura, fálica. Ante este fechamento, o sujeito é obrigado a percorrer a via das trocas imaginárias. Constituímo-nos a partir de um outro que nos fornece uma matriz identificatória, um sentimento de unidade corporal. Essa relação veicula a verdade de que nossa constituição é alienada, dependente do desejo desse outro. Se a instância paterna não faz barragem nesse nível, o sujeito não se abre a uma alteridade essencial que, por interditar uma subjugação ao desejo do outro, fundaria um lugar para o sujeito. Nesse sentido, como nos aponta Lacan, o processo de sublimação de Leonardo é de miragem, de espelhamento com esse outro figurado pela mãe.

O *impetus*, noção adotada por Leonardo a partir dos nominalistas franceses, parece condensar sua lógica de criação. Idéia imprecisa, embora bem ancorada no senso comum, *o impetus*, de acordo com Leonardo, é o impulso, o motor advindo da natureza que transmite aos corpos uma potência, uma força capaz de vencer as resistências do meio e fazer com que o movimento seja contínuo. O *impetus* acaba sendo uma metáfora da força pulsional não-recalcada que provém de uma grande lei materna. No presente caso, um motor chamado natureza provocou um movimento psíquico ilimitado em nosso personagem. O *impetus* é força motora. Nada é mais pertinente à ordem da natureza que a mãe, tomada dentro do campo da certeza sensível conferida pela maternidade. O pai, nesse sentido, é sempre uma inferência.

É interessante notar como o poeta francês Paul Valéry utiliza-se de um mecanismo próprio a Leonardo — a cooptação imaginária ou a identificação — para falar do artista. Mais do que o Leonardo histórico, temos em sua análise um Leonardo revelado em sua estrutura a partir da análise de seu modo de trabalhar. O mestre é caracterizado por um largo desenvolvimento das faculdades do espírito. Seu pensamento visaria abraçar o universo obedecendo à fórmula de um máximo de consciência possível.

Essa inteligência de exceção segue uma lógica de continuidade onde as representações do pensamento se articulam por similitudes numa perspectiva infinita. O pensamento, aqui, funciona como um ídolo de caráter hipnótico, enfeitiçador. Resulta de uma inflação do imaginário que mantém a capacidade de ilusão e abstração onde todas as coisas são evocadas. Leonardo parece realmente ter tencionado abraçar o todo. Uma análise de sua rica obra revela seu intuito de descobrir nada menos que o *ritmo do mundo*. Sua própria pintura pode ser considerada filosófica.

Ao mesmo tempo, um excesso de subjetividade o atrapalhou na absorção do espírito científico. Ele era capaz de negligenciar certas evidências científicas em prol de uma lógica pessoal. Suas descobertas espetaculares surgiram a partir da intuição, mecanismo que se relaciona com um alastramento do olhar, com a pulsão de espiar. A contabilidade de sua contribuição científica, de acordo com os historiadores das ciências, permaneceu modesta. Sua concepção de dinâmica continuou fundada na noção medieval de *impetus*. Sua teoria ótica se constitui numa forma confusa e alterada da concepção medieval.

A suspensão da satisfação própria à sublimação se transformou em capacidade de conservar durante longos períodos de tempo figuras de pura instabilidade, em manter formas e expressões diversas mas imagináveis para confeccioná-las em momento oportuno. A força pulsional não-inibida permitiu ao mestre uma liberdade ímpar em relação a temáticas que bordejam os limites do humano, como a dissecação de corpos e almas.

Motivado ardentemente pela produção de conhecimento, Leonardo prescinde de índices diferenciais. De acordo com Valéry, ele ignorava — o que não deixa de ser um traço renascentista — as distinções entre ciência e arte, teoria e prática, análise e síntese, lógica e analogia.

O seu saber valorizava a experiência articulando-se a fins pragmáticos, a um *savoir-faire* e mesmo ao poder. Dessa forma, seguindo a encomenda de mecenas, ele projetou artefatos de guerra. Uma espécie de capacidade profética, ligada a uma extensão do olhar, fez com que ele antecipasse o avião de bombardeio, o gás asfixiante, tanques e submarinos.

O ser humano pode se colocar em uma das três antíteses relativas à questão do amor: amar/ser amado, amar/odiar ou escolher a indiferença em relação ao par amar/odiar. Leonardo, optando pela indiferença, posicionou-se como um observador do espetáculo da vida e desenvolveu uma espécie de mestria, de saber compacto. Comparável ao Fausto de Goethe, sua curiosidade lhe permitiu ultrapassar portas interditadas, como nos assinala Stendhal. Ele seguiu os ditames de uma economia: "Se tu permaneces só, tu serás todo teu", escreveu em seus *Cadernos*. Assim, sua visada consistiu em obter uma vantagem sobre os mortais que se esvaziam por seus objetos de desejo. Longe disso, ele guardou um saber sobre a beleza do mundo.

O longo circuito pulsional implicado na sublimação faz com que o sujeito trabalhe e busque efetivar algo que é ilimitado por natureza. Assim, a possibilidade da sublimação manter uma estabilidade psíquica é sempre tênue, depende do resultado de sua produção e do reconhecimento do Outro social, o público. Nos *Cadernos*, Leonardo não deixa de falar de um certo tremor presente na sublimação. Ele escreve que todo o nosso conhecimento provém da sensibilidade, e quanto maior é esta sensibilidade, maior é o martírio.

Ao contrário de um enlace amoroso, no caso da sublimação, a perda do objeto se dá no início do processo, podendo ser interpretada como virtude. Sublinhar a beleza da virtude, elogiando a inacessibilidade do objeto, tem um papel fundamental na sublimação. Como escreveu Leonardo, gozo é amar o objeto em si mesmo e por nenhum outro motivo. Nessa perspectiva, de acordo com suas palavras, o olho é o amante. A pulsão de espiar, no caso, permanece desligada do caráter genital.

É surpreendente a relação que Leonardo, um dos pioneiros na utilização da tela de linho, estabelece entre este tecido e a morte. Cita-o como envoltório da corrupção, vestimenta dos mortos nos atos fúnebres. Ora, a própria tela pode funcionar como fetiche, condensando uma parada na dialética de vida de um sujeito. Tela de uma fantasia que o subjugou por tanto tempo, que o manteve prisioneiro de uma entropia mãe-criança, onde a morte surge como uma das saídas possíveis já que se constitui como um dos nomes para o embotamento do desejo.

O universo da forma onde, tomando uma expressão de Ovídio, toda forma é uma imagem errante, fornece a marca do movimento procurado no trabalho de Leonardo. O artista habitou pólos distintos, o que fazia com que se deslocasse de um campo a outro, de uma hipótese à outra. Assim, ele pôde desenvolver um método que consistia em atribuir o suposto movimento da natureza do macrocosmo ao microcosmo. Sua própria criação transitava por vários domínios articulados, sem corte, na busca de um ritmo universal. A pintura, matriz de suas atividades, foi denominada por ele de *ciência divina*.

Trata-se de um método que tem como ponto de partida questões do imaginário, como a correspondência ponto por ponto, característica da boa forma. As teses implícitas de seu trabalho procuraram validação na retórica da analogia.

O aspecto infinito de suas pesquisas pode ser ilustrado pelo posicionamento de dois espelhos frente a frente. Nesse caso, observar-se-ia uma infinitização da imagem. A ausência de um ponto de basta na atividade de representação se relaciona com os próprios limites da função simbólica e da interdição paterna.

Um ideal do eu bissexual visa anular a diferença. Leonardo partiu de uma indiferenciação, buscou através do desenho forjar uma escrita, produzindo, assim, um nó com a função de limite que seria esperada da função paterna. Algumas características de seus estudos caligráficos apontam nessa direção. Própria de notáveis senhores, essa escrita *alla mercantesca*, tal como foi desenvolvida por Leonardo, é coroada por uma nominação, através de uma assinatura cifrada. Todo um estudo caligráfico é feito e resulta na cunhagem de letras relativas a seu nome próprio. Elas surgem no centro de um belo nó desenhado com um nome, *Academia Leonardi Vin*, mostram uma amarração efetuada, fabricada e resultante de um trabalho exaustivo. O mestre fabricou uma paternidade e, numa idade madura, colocou-se numa tradição paterna, reverenciando o nome do pai. Este desenho faz parte das pranchas da *Accademia Vinciana* e encontra-se na Biblioteca Ambrosiana de Milão.

Uma paternidade de sonhos foi, portanto, efetivada pela via da sublimação, transformando Leonardo num pai.

O interesse do artista revela em detalhes sua ligação com a grande lei materna. O corpo não deixou de figurar para ele o funcionamento da natureza. Vemos, aqui, os pares natureza/mãe e eu/corpo fornecerem as coordenadas de sua modalidade de sublimação. Entretanto, a aliança que ele estabeleceu com a cultura através de seu exaustivo trabalho fez com que ele se produzisse numa via paterna.

Cristo, no caso, revela-se sublime. Ser de ascensão, transformação e ressurreição, evoca a procura de elevação bem como uma via de paternidade. Elemento-chave na identificação de Leonardo, ele se articula à sua produção de uma solução paterna ao final de sua obra.

O ponto de partida do processo criativo do artista, entretanto, foi outro. Seu saber, da ordem de um saber-fazer, imprime-se da facilitação de trocas com o Outro materno a partir de um fusionamento. A fabricação, a resolução concreta de problemas e o engajamento político nos reportam a uma prática que valoriza a experiência e o ímpeto de uma pulsão não refratada, presente na potência do olhar e na inflação de representações visuais. A perda de si, veiculada pela solução narcísica advinda de um obscurecimento da questão da diferença sexual, aliou-se ao quadro para caracterizar aquilo que Freud chamou de sublimação de excelência, do tipo "o mais raro e mais perfeito".

A invenção de um objeto altivo

Atento leitor, Lacan aponta no livro 7 do *Seminário* para um elemento contraditório na primeira problematização de Freud sobre a sublimação. Esta não poderia implicar uma satisfação direta e ao mesmo tempo necessitar do selo internalizado da aprovação social. A fim de resolver esse impasse,

Lacan propõe a retomada do termo *das Ding*, a Coisa, conceituado de forma discreta na obra freudiana como *o objeto perdido de uma satisfação mítica.*

A Coisa está presente na cultura sob a forma de um mal radical. Exterior e íntima, ela surge na teoria de Melanie Klein metaforizada pelo corpo materno em relação ao qual a criança dirige sua destrutividade. A sublimação, no caso, implicaria uma reparação do mal causado pelo infante. Aceitando um núcleo de verdade nesta síntese kleiniana, Lacan explora o conceito em suas várias facetas.

A Coisa pode funcionar em seu aspecto exterior, sem "escorregar para dentro" mas controlando de fora o destino pulsional quanto ao alvo. Dialeticamente, o mal é convertido em bem social a partir de um movimento de velamento de sua verdade original. As formas culturais do belo e do bem, pela Coisa transformadas em objetos sublimes, visam manter um distanciamento em relação a uma destrutividade fundamental do ser humano. A civilização promove, assim, uma rede imaginária, ornamentada, cuja finalidade é protetora: não se toca no belo, não se corrompe o bom.

No caso da sublimação, há uma datação histórica que promove o objeto à Coisa. Sendo a Coisa impossível, ela pode, entretanto, ser representada por determinadas imagens e idéias.

Retomemos a questão freudiana segundo a qual, para os antigos, a valorização da pulsão ou tendência houvera sido fundamental. Em contrapartida, para os contemporâneos o objeto passa a ser valorizado na dinâmica amorosa. Lacan propõe, então, a sublimação como uma modalidade discursiva situada historicamente. Indica o estabelecimento das regras do amor cortês, de gestão bastante longa, como algo que eleva o objeto, colocando-o na mesma categoria de impossível da Coisa.

A Dama sempre inacessível do amor cortês vela uma verdade situável no intolerável encontro hipotético com o objeto último do desejo. O bem buscado, caso fosse encontrado, revelaria uma face hedionda de cavidade ou vazio centrífugo que aspiraria o sujeito. O trabalho humano não pode senão bordejar o furo.

A sublimação indica uma dificuldade na constituição do objeto do desejo. Próxima demais da Coisa, ela não se opera a partir de um corte, de um interdito segundo o modelo neurótico. Se para o neurótico a metáfora paterna permite uma solução para a angústia, para o ser sublime a angústia deve ser mantida à distância desde que um objeto externo condense a Coisa, paralisando-a. A satisfação advinda desse processo, tanto para o agente sublime quanto para a cultura, provém do distanciamento conseguido uma vez que uma dignidade é conferida ao que originalmente foi abjeto. Um bom exemplo disso é a transformação de um urinol em escultura no *ready-made* de Marcel Duchamp. Ao abjeto ou banal urinol é conferido um estatuto de *objet d'art* pelo simples ato do artista de dar a ele um especialíssimo relevo.

A esse propósito, Lacan se refere a um enfileiramento de caixas de fósforo na lareira de seu amigo Jacques Prévert. Por um deslocamento da gaveta interior, cada caixa se acoplava na outra formando uma longa cadeia. Prévert restituiu ao objeto cotidiano uma majestade esquecida. Da "coisidade" banal à dignidade da Coisa, a instalação evoca a cópula e garante uma satisfação sublime e gratuita que, ao contrário da amorosa, "não pede nada a ninguém".

No espetáculo de dança contemporânea "Receita", do mineiro Rui Moreira, deparamo-nos, inicialmente, com a delimitação de uma área no palco e a projeção da imagem de um verde campo. No primeiro tempo da apresentação, o bailarino desfia com mestria movimentos diversos e compassados. Durante o segundo tempo, ele repete os mesmos movimentos ao passo que uma complicada receita de bolo de xadrez é recitada em *off*. Sua expressão ganha sentido à luz deste segundo tempo. A dança, aqui, eleva objetos cotidianos como a cozinha e o bolo a uma dimensão de grande coisa. Uma dignidade é atribuída a algo que nos passa, geralmente, despercebido. A luz que emana da simplicidade da idéia em sua excelente execução técnica garante um resultado tão bom quanto o delicioso bolo de xadrez evocado.

Lacan utiliza-se de uma referência da clínica kleiniana para exemplificar a criação como um trabalho em torno de um furo, *ex-nihilo*. Trata-se de uma paciente, Ruth Kjär, que sofre de recorrentes crises melancólicas. As paredes de sua casa são decoradas por quadros do cunhado, ao que tudo indica, um pintor profissional talentoso. Em determinada ocasião, o cunhado vende um quadro que estava em posse dela. Ruth vê-se, assim, confrontada com um vazio insuportável, precipitador de uma crise de depressão melancólica. Ela fora fisgada por este vazio que a congelara.

Um belo dia ela decide tentar preencher esse vazio. Imitando o estilo do pintor, ocupa-se com afã de uma pintura na parede, onde a falta do quadro se inscrevera. O resultado do trabalho é excelente. O próprio cunhado não acredita que Ruth o tenha produzido.

Para além das interpretações kleinianas, Lacan diz que estamos diante do paradoxo do criador. Confrontado com os efeitos maléficos de um vazio constituinte, o criador não pode senão bordejar, criar algo que acalme o furo em seu aspecto voraz. Há, desta forma, uma substituição. Cria-se um objeto no lugar da Coisa. O objeto reencontrado pela criação permite que a Coisa seja perdida.

O que está em jogo nesse processo é a lógica do artista, diversa da lógica cartesiana a operar por princípios ordenados temporalmente. A fórmula do artista foi citada por Picasso: "Eu não procuro, acho." A lógica racional diria antes aquilo que o ditado enuncia: "Quem procura, acha." O artista não pode prescindir da errância encontrando-se no erro. Isto é claro na trova, pois *trobar* significa achar. A rapidez do improviso impele o próprio ato de criação sendo que, aqui, a pressa é amiga da perfeição.

Há uma certa crueldade neste processo. O princípio de prazer faz com que nos utilizemos da linguagem, do significante, para que tenhamos um equilíbrio interno só possível com uma eficaz perda da Coisa. A busca do criador, nesse sentido, é "antipsíquica" porque visa o encontro daquilo que afugenta um neurótico, em relação ao qual ele permanece exilado. Ao se deparar freqüentemente com a Coisa no processo criador, o sujeito é forçado a se confrontar com um para-além do princípio de prazer.

A sublimação segundo Lacan

Temos uma diferença entre o ponto de vista freudiano e lacaniano concernente à sublimação. Freud, via de regra, encara a sublimação de forma otimista, chegando a considerá-la fundamental no estabelecimento da transferência no processo analítico. Lacan já a situa como um destino pulsional capaz de trazer bastante sofrimento psíquico. Um tremor do ser pode advir a um artista ante sua obra destruída. A obra tem uma função organizadora capaz de se desfazer. É mesmo um lugar de báscula ou oscilação, profundamente desconfortável, que Lacan parece outorgar ao criador.

Através do recalque a Coisa é perdida para o neurótico. No caso do criador é necessário o resultado final da obra para sua perda efetiva. O malefício da Coisa se relaciona com um período arcaico de fusão pulsional onde as pulsões de vida são amalgamadas com as pulsões de morte. Seu surgimento hipotético assemelhar-se-ia com a perspectiva alucinatória onde o sujeito não poderia articular o princípio de prazer à realidade. Assim, a sublimação lida mais diretamente com a pulsão de morte. O objeto criado passa a preencher a função de conferir à coisa um estatuto de representação, inserindo-a no contexto de linguagem aliado ao princípio de prazer e da pulsão de vida.

Talvez, assinala-nos Lacan, a arte do oleiro a criar seus vasos seja o que há de mais representativo na fabricação a partir do vazio. O vaso metaforiza a criação. Um vazio surge na medida em que seus contornos são modelados pelas mãos do oleiro. Um vaso é um significante por excelência, desprendido de significado. Seu próprio valor utilitário vela tal vocação específica. O vazio, aqui, cria a perspectiva do preenchimento, evoca o pleno.

A Dama, musa da retórica sublimatória, aluga o vazio próprio à criação. O amante cortês presta serviço à "patroa", àquela que domina.

Ainda a propósito da fabricação a partir do vazio, aludida por Lacan, vejamos o modo de tal tema se situar como eixo central da canção "Construção", de Chico Buarque: "Amou daquela vez como se fosse a última,/ Beijou sua mulher como se fosse a última,/ E cada filho seu como se fosse o único" .../ "Subiu a construção como se fosse máquina,/ Ergueu no patamar quatro paredes sólidas,/ Tijolo por tijolo num desenho mágico,/ Seus olhos embotados de cimento e lágrima./ Sentou pra descansar como se fosse sábado"... / "E tropeçou no céu como se fosse um bêbado,/ E flutuou no ar como se fosse um pássaro" .../ "Morreu na contramão atrapalhando o tráfego."

Os artistas sempre tomam atalhos para bem dizer o que o teórico só consegue com muito esforço. A canção "Construção" é uma pérola no esclarecimento de algumas questões tratadas até o presente. O próprio poema constitui uma construção compassada e rítmica. Propomos um recorte de leitura possível mas não exaustiva.

Os primeiros versos ("Amou daquela vez como se fosse a última/ Beijou sua mulher como se fosse a última/ E cada filho seu como se fosse o único") remetem-nos a uma antecipação da perda, profunda nostalgia em jogo na sublimação.

"Subiu a construção como se fosse máquina", evoca o caráter de necessidade visceral, de subjugação a um imperativo que submete o artista-operário.

"Ergueu no patamar quatro paredes sólidas" — temos, aqui, a demarcação de um vazio, uma construção significante que recupera o desejo sonhado: "tijolo por tijolo num desenho mágico".

À medida que a ação artesã se conclui numa operação simbólica, há um pagamento, uma perda corporal, "libra de carne" segundo Lacan, subtraída do sujeito: "Seus olhos embotados de cimento e lágrima".

O toque de mestre de Chico Buarque revela a equiparação do artista com o criador por excelência, nada menos que Deus. O sujeito de "Sentou pra descansar como se fosse sábado" remete àquele que descansou no sétimo dia após a criação do mundo.

Tropeçar no céu embriagado e flutuar no ar como um pássaro revelam o confronto com o vazio e a própria pulsão de morte com as quais lida o ato sublime.

Dentro do contexto, arriscaríamos uma interpretação a mais: "Morreu na contramão atrapalhando o tráfego" falaria do aspecto transgressor do artista, sendo a arte aquilo que incomoda, que causa estranheza, forçando a criação de uma fala bordejante, relançamento da problemática do vazio.

Vale ressaltar que, além da arte, a religião e a ciência participam do campo da sublimação. Todas elas possuem uma posição específica em relação ao vazio.

A *religião* procura evitar o vazio. O furo, que ocupa nela uma posição central, é evitado através de uma longa série de rituais. O desejo é lido como pecado, pago com orações e absolvições, para continuar a ser relançado em suas aventuras e desventuras. A falta de sentido da morte é revestida de um sentido fixo: a promessa de sobrevida no além.

A *ciência,* por sua vez, rejeita o vazio. Sua visada de saber exato não pode assimilar o furo. Desta forma, ela se constitui como saber compacto, mestre, em relação ao qual o indivíduo se mantém subordinado. Seu funcionamento matemático exclui o sujeito, que apenas padece de seus efeitos, sejam estes os da teoria nuclear ou da engenharia genética, por exemplo.

A *arte* revela-se mais honesta por se constituir como criação a partir do furo.

Lacan tece uma criteriosa exposição sobre o surgimento da anamorfose na história da arte. Uma figura em anamorfose compõe-se de uma distorção de raios, o que faz com que ela se apresente difusa sob um ângulo normal de visão. Sob um ângulo específico ou com a ajuda de um espelho, ela mostra sua forma e adquire um significado. De fato, anamorfose significa uma ausência de forma precisa ou uma deformação. Um dos valores da anamorfose é o de indicar que nem tudo da imagem pode ser compreendido, que há nela algo que nos escapa, um ponto de estranhamento.

O quadro *Os embaixadores*, de Holbein, mostra duas figuras bem vestidas com as indumentárias da época, bem como vários elementos decorativos ligados ao saber. Na base do quadro surge uma figura em anamorfose. Em determinado ângulo, vê-se surgir ali uma caveira. A caveira se articula ao estranho e à perspectiva de seu velamento pela construção de representações em torno dele.

Sobre o amor cortês

Lacan fala sobre a incidência do amor cortês na cultura ocidental, cujos ecos escutamos mesmo na contemporaneidade. Nada melhor do que "Errática", de Caetano Veloso, para indicar a atualização de elementos como a Dama e a trova no processo criativo.

"Nesta melodia em que me perco,/ Quem sabe talvez um dia ainda te encontre minha musa,/ Confusa" .../ "Bússolas não há na cor dos versos,/ Usam como senhas tons perversos,/ Busco a trilha certa, matematicamente,/ Só sei brincar de cabra-cega,/ Errática chega,/ Neste descaminho meu carinho,/ Te percorre a ausência,/ Corpo, alma, tudo, nada,/ Musa,/ Difusa,/ O sorriso do gato de Alice,/ Se se visse, não seria menos ou mais intocável,/ Que o teu véu,/ Pausa de fração de semifusa" .../ "Errática chega."

Temos nessa canção a presença de elementos envolvidos no ato criativo. A musa é difusa, "pausa de fração de semifusa", entrevista apenas por seu véu. O encontro impossível com essa Dama, enigmática como "o sorriso do gato de Alice", impulsiona a carpintaria poética, a busca incessante de caminhos retóricos que sejam atalhos para esse encontro impossível.

A retórica do amor cortês surge no século XI e dura até o século XIII. Estende-se por toda a Europa, mais especificamente na França, Inglaterra, Alemanha e Espanha. Consistiu num preciso exercício poético que estabelecia, subliminarmente, as regras do amor. Esta tipificação de um discurso amoroso prescrevia ideais que se organizavam em torno de temas específicos.

A Dama ocupa, aqui, um lugar central. Graças a ela pode-se ter recompensa, clemência e felicidade. A inacessibilidade da Dama norteia toda uma arte da conversação refinada. O elogio da Dama dá-se em relação inversa à forma real como a mulher era tratada no período medieval, como um mero objeto de trocas.

O teor idealizante do amor cortês funcionou durante séculos como uma cartilha moral marcando fortemente épocas ulteriores. Exercício poético, seu compasso mostra a recorrência repetida do significante e seu poder de influência nos costumes.

A Dama é, nesse contexto, decantada a partir de um obstáculo que a torna impossível. Ela é despojada de traços singulares, surgindo como uma matriz despersonalizada e, freqüentemente, posicionada num lugar masculino de domínio.

Do ponto de vista da sublimação, ela articula uma verdade da demanda que roga a privação de algo real. Coloca em evidência uma das funções do espelho no narcisismo, aquela de fornecer um limite. O ideal da imagem confere uma totalidade ao que é disforme, disperso.

Há no amor cortês, portanto, uma ascese presentificada num rodeio discursivo que leva em conta a suspensão, o corte, a retenção, que não deixam de evocar o coito interrompido e a primazia dos prazeres pré-genitais.

Na obra freudiana, a ética determina a estética. É imperativo para o sujeito a perda de gozo com o bem supremo, metaforizado pela mãe, para que haja articulação possível do desejo e a assunção a uma nova moralidade. Atualizando-se a inacessibilidade da Coisa, fundam-se modalidades do belo que, em última instância, são artifícios próprios da linguagem.

Tal elevação moral presentifica-se na sublimação por uma via de linguagem onde as qualidades mais cruas podem surgir numa obra sem que haja perda de seu valor sublimante. O achado formal do artista em sua técnica é o que garante este valor.

Evoquemos um outro ballet contemporâneo a este respeito. Trata-se de "Wall dancin' Wall fuckin'", uma concepção do francês Alain Buffard. Um muro divide o palco em dois espaços: o do homem e o da mulher. Cada espaço conta com um telão onde, a partir de uma câmera e microfone operando em tempo real, um bailarino percebe o exercício do outro. Assim, a única forma de interação entre os dois é virtual e simbólica. Toda uma gama de elementos eróticos surge em cena, tais como emblemas fálicos e a nudez dos corpos. Eles são álibis dos discursos que serão enunciados. A mulher escreve na parede algo, velado para o público, que lembra uma carta de amor. A partir da imagem do outro, uma coreografia é estabelecida e confecciona a própria obra.

Esta montagem revela que a sexuação determina lugares distintos sublinhando o muro entre seres separados de um complemento mítico. Tal impossibilidade de acoplamento é uma questão da linguagem dentro do inalcançável "tudo dizer". O espetáculo traduz a condição de exílio do falante, sacrificado e abolido em relação a uma totalidade sonhada. Tal condição, entretanto, é o que permite a criação.

A sexualidade, mesmo que de maneira explícita, pode ser compatível com o exercício sublime. Existe um elemento sexual na língua, sendo este termo bastante erótico. A diferença ou a oposição dos significantes, ali onde eles adquirem o seu valor, articula-se ao masculino e ao feminino, marcando o compasso do desejo entre desiguais. A modificação de termos originalmente sexuais possui um valor metafórico e significa um ganho simbólico. Podemos, por exemplo, transpor um termo do campo sexual para um outro não-sexual.

Um jogo sexual cru revela, pois, a fonte sexual da sublimação. A concepção formal, por outro lado, distancia-se desta fonte pelo necessário recurso ao significante. Uma transposição é realizada neste processo. No percurso sublime, o rebuscamento formal, pelos atalhos que lhe são próprios, permite um certo reencontro do objeto, sem que haja, por isso, perda da visada sublimante.

Dentro desse contexto, *A arte de amar*, de Ovídio, serviu de base para vários trabalhos que incluíram a temática do amor cortês. Aproximando-se de um manual para libertinos, essa obra marca a diferença entre os sexos e ensina os passos para um enlace amoroso.

Toda conquista é encarada como um novo combate, cabendo ao amante encontrar aquela que deseja, tratando em seguida de seduzi-la e de fazer durar o seu amor. A tática utilizada para prendê-la deve ser inspirada na caça: lugares mapeados, armadilhas corretas. As mulheres surgem nos lugares os mais variados. Em dias de festa, elas são tão numerosas que o amante teria dificuldades em escolher apenas uma.

O cavalheiro precisa ser ousado e não se intimidar ante a possibilidade de seqüestrar sua preferida. As mulheres admiram homens corajosos e com iniciativa. Um respeito aos costumes e uma certa nobreza de caráter devem, entretanto, prevalecer.

Sobre os ritos preparatórios de um verdadeiro enlace, Ovídio, pela via do poema, tece elogios ao vinho, aos cuidados pessoais, às qualidades do espírito, ao cultivo de talentos.

O vinho pode ajudar no complicado processo amoroso desde que propicie um equilíbrio onde não se perca o posto de senhor. O vinho é encantatório, faz surgir Vênus bem como o poder enfeitiçador da Dama. Solta o riso, devolve a confiança aos infelizes, anula dores e rugas. Não se deve, contudo, fiar-se na atmosfera de ilusão que ele cultua. A luz da noite é enganadora. Para o julgamento da beleza de uma mulher, nada melhor que a luz da manhã. Assim, os contornos do corpo são mais vívidos tanto quanto a qualidade das jóias.

O desenho das batalhas a serem travadas na guerra amorosa distingue, de forma precisa, dois universos: o masculino e o feminino. Sem voz própria, a mulher entra no discurso como a negação e a garantia do viril. Lugar do enigma, espécie relutante à formalização, ela é almejada como deusa vencida. É decantada por um viés idealizante cujas referências são masculinas.

Se o homem dissimula mal seu desejo, a mulher mantém o seu em segredo. Tal capacidade feminina faz com que as mulheres sejam ótimas parceiras no amor clandestino. Dominadas, elas fazem um pacto com o senhor.

O desejo do homem é submetido a regras, o que o torna mais fraco. Na mulher, vencidas as resistências, o desejo é frenético. Vários crimes foram inspirados pela paixão feminina. Violenta, tal paixão traz o germe da loucura. É mesmo esta disposição às paixões que torna a mulher uma presa fácil, solícita ante uma nova volúpia.

O jogo da sedução permite determinadas amoralidades que seguem a lógica do desejo. Uma aliança pode ser feita com a serva da Dama. Desta forma, obtém-se informações sobre a mesma, o que facilita sua sedução. O fato de dormir com a serva pode vir a torná-la cúmplice e garantir seu segredo.

O amor é regido pela arte. Aqui, a eloqüência adquire um relevo especial. Aprendida através dos vários ofícios das artes liberais, estudada com esmero, ela deve ser exercida na persuasão da Dama. Despojada de afetações e teatralidades, as palavras escolhidas devem ser usuais e ternas, seguindo a modulação da fala e garantindo a recepção da mensagem. Articulado a uma verdadeira prática da paciência, esse discurso sublime prega a paralisia metaforizada pelo coito interrompido e a postergação recorrente do prazer final.

Cartas, pequenas frases de efeito em ocasiões corretas, abraços e beijos furtivos, compõem a retórica do romance onde o bordado do drama é a própria história, o possível saber-fazer ante o obscuro e fugidio objeto do desejo.

A arte de amar revela as coordenadas de um precioso trabalho realizado em torno do objeto do desejo. Condensa, assim, a fórmula da sublimação: elaboração exaustiva que visa o encontro com o objeto e se regozija com os impedimentos, transformando-os em recursos formais de estilo. Tais impedimentos são os germes da própria atividade criadora.

Um roteiro é criado na busca da felicidade advinda da possibilidade de posse do objeto. Ele implica desde o cuidado com a aparência até a conquista da cumplicidade de um rival que poderá vir a ser útil na empreitada sedutora. Passa pelo cultivo de talentos como o canto e a dança. Prega a veracidade possível no simulacro do galanteador. Não é raro que aquele que simula o amor acabe amando realmente. A ficção pode ser tão bem engendrada que se torna a medida da realidade.

Viver intensamente e sem reprimendas pode ser um signo de participação na esfera do divino. Uma ausência de freios inscreve-se caracterizando a força pulsional sublime. Assim, dar um objeto emprestado, não se render à piedade, forjar lágrimas comoventes, ser paciente em longas esperas, permitir o amor se instalar sob a máscara da amizade, fazem parte do vale-tudo no jogo da sedução. Enfim, é preciso se utilizar de todos os meios disponíveis para virar a cabeça de tantas graciosas damas.

Nos meandros da conquista da Dama, a sublimação opera visando o reencontro de um objeto mítico que não cessa de se esquivar. É o que Lacan declara ao definir a sublimação como a elevação do objeto ao estatuto da Coisa. A impossibilidade deste objeto determina um trabalho formal onde a verdadeira parceria é obtida com o público que degusta os labirintos da obra. Artista e público têm acesso a satisfações pulsionais onde a perda do objeto que ali se insere, força deslocamentos que conduzem ao prazer estético. Toda a gama de recomendações eróticas de Ovídio demonstra a impossível complementaridade entre os sexos e que este impossível opera no ato mesmo da criação. O autor demonstra que o amor não é natural, mas sim, um artefato de linguagem. Sendo sua obra uma bela poética, ela acaba cativando o leitor. Por fim a Dama passa a ser um pretexto artístico.

A relação do sujeito com o objeto posta em jogo pela sublimação se situa de forma clara no romance de Thomas Mann, *Morte em Veneza*, bem como no filme homônimo de Luchino Visconti.

No início da história, Gustave Aschenbach, um renomado pianista, discute com um amigo sobre a natureza da arte. O destino da arte seria o de liberar o espírito ou, ao contrário, as sensações? Como um bom platônico, Aschenbach defende o espírito como o destinatário artístico que mantém as paixões sob controle.

Ironicamente, seu corpo e sua saúde inspiram cuidados. Por isso, ele escolherá o Lido de Veneza como local de férias. Lá, ele se depara com Tadzio, cuja infinita beleza lhe perturba. A partir daí sua história desenrola-se de forma estranha.

Aschenbach é um homem ainda saudoso de sua jovem esposa e filha recentemente falecidas. Tadzio, um belo adolescente andrógino, condensa traços femininos reencontrados. Por outro lado, constitui um ideal artístico de beleza. Na função de musa, Tadzio surge repleto de atributos que falam aos apetites, ao olhar em especial. A beleza, da maneira como é apresentada, aponta para a suspensão da diferença sexual.

Podemos pensar que, talvez, a corrente homossexual recalcada durante o casamento tenha funcionado como fonte de criação. A reaparição tardia desta corrente revela o objeto do desejo como reencontrado, não mais alimentando a sublimação, o que apenas poderia fazer enquanto objeto perdido ou velado. A morte de Aschenbach no final da história está articulada à presença de Tadzio.

Enquanto seu amor por Tadzio aumenta, Aschenbach tenta um investimento narcísico, preocupa-se com a própria imagem e lamenta o avanço da idade. O filme indica o laço entre o espiritual, fim artístico proposto e a projeção do corpo. Na cena final, Aschenbach morre lentamente enquanto olha Tadzio desaparecendo no mar, apagando-se sob a luz do sol. Esse ambiente líquido e escópico evoca o mito de Narciso tanto quanto os versos de Platen: "Aquele cujos olhos viram a beleza, à morte, desde então, está predestinado."

Temos aqui uma dialética invertida que mostra o avesso da sublimação, quando o objeto surge em seus efeitos mortais. Um certo êxtase de Aschenbach durante sua morte evoca a iluminação do reencontro com o objeto enquanto faltoso, representado na conjugação da beleza com a morte.

O sublime, o belo e o horror

Em *Fundamentos da psicanálise — de Freud a Lacan*, Marco Antonio Coutinho Jorge, em atenta leitura de textos fundamentais da psicanálise, propõe o conceito de sublimação como imprescindível. Segundo o autor, a sublimação fornece o verdadeiro estatuto da pulsão, já que evidencia o enlace da satisfação pulsional com o impossível.

Tal impossível seria pertinente à própria pulsão em seu parentesco com o recalque organicamente determinado, termo trabalhado por Freud. Com a aquisição humana da postura ereta, por exemplo, dá-se a refração pulsional relativa a determinadas zonas erógenas.

Enquanto o recalque se organiza em torno de um afastamento (manter à distância determinada coisa da consciência), a sublimação circunscreve-se como um desvio de elementos perversos para o social. A distinção entre os dois termos (afastamento e desvio), permite-nos contar com índices discriminatórios entre um e outro conceito.

A característica pulsional de remeter a um impossível revela-se na visada sublimante de se dirigir para além do objeto sexual. A sublimação alude, assim, ao vazio da "representabilidade da Coisa". Ela não trataria de preencher o furo, mas sim de repetir o próprio paradigma da criação, que é a concepção a partir do nada.

Coutinho Jorge tece uma leitura da obra de arte como uma construção simbólico-imaginária que aponta para o real. Há algo no universo da representação que aponta para o irrepresentável. Nesse sentido, pode ser entendida a presença do dedo indicador, apontando para o alto, em vários desenhos e telas de Leonardo da Vinci. Ele chama a atenção para um incognoscível revestido de "transcendência" e "verticalidade". Essa referência/reverência pode ser encontrada no esboço preparatório do quadro *Sant'Ana, a Virgem e o Menino Jesus*, no *Baco*, no afresco da *Última Ceia* bem como em sua última tela, *São João Batista*. Nessas obras surge aquilo que motiva suas existências, mas que só pode ser indicado numa exterioridade.

A *Monalisa* é o quadro mais visto no Louvre. Funcionários do museu automaticamente indicam sua localização aos milhares de visitantes diários. O foco ou o ponto de gozo do quadro é o ambíguo sorriso da Dama. Ele condensa contrários e se apresenta como enigma. Tal enigma é a causa do desejo do público que, assim, confronta-se com uma multiplicidade de significâncias. O enigma, aqui com o estatuto formal do belo, demarca um limite, sendo uma partícula de representação forjada na borda de um inomeável.

O sorriso, criação estilística de Leonardo, sofreu um processamento exaustivo ao longo de sua obra. Pouco a pouco ele foi confeccionado, tornando-se uma espécie de assinatura pictográfica. Entretanto, o seu correlativo foi o horror. Todo um trabalho em relação ao horror foi desenvolvido por Leonardo e pode ser encontrado na série de estudos organizada sob o título de *Monstros Dantescos*. O monstruoso se mostra. Traz o selo do trauma, da Coisa, o que impele a elaboração de fios discursivos em torno de si.

A criação do belo por Leonardo surgiu como um "não" à sua separação de Catarina e à pobreza de sua vida sexual. Este "não" se formula como um anteparo, uma proteção em relação à dor. Não se toca no belo pois ele suscita uma dignidade distanciada. Ao mesmo tempo, o belo implica uma satisfação parcial do desejo.

A pulsão, em última instância, visa a morte como um término das tensões. Eros, a pulsão de vida, torna complexo esse caminho ao aniquilamento. Dá-se um limite na conjunção/disjunção dos dois campos. O belo une e separa pulsões de vida e pulsões de morte deixando entrever este amálgama entre Eros e Thanatos.

Portanto, como bem desenvolve Maria Inês França, o artista na criação estética se confronta com a inquietante estranheza. A perda de alvo na sublimação instaura um campo de não-sentido, Thanatos é atualizado na compulsão à repetição como transgressão à ordem estabelecida. Articulando-se ao enigma, ele rompe com a totalidade imaginária da representação e da onipotência do eu. O belo, o brilho e o resplandecer são os nomes dos véus que recobrem o sem-face da pulsão de morte. Nesse sentido, Thanatos revela sua aptidão à subversão e à transformação. Capturado em suas bordas, Thanatos aponta para o enigma e outras significâncias.

A Dama visada no amor cortês, em seu poder encantatório, inscreve-se, de fato, como uma substituição por um oposto. Seu lugar na economia psíquica é o de deusa da morte. A beleza que lhe é conferida tem a função de velar essa verdade intolerável. Diante da inacessibilidade do objeto, a Dama da morte é a única que, realmente, nos acolherá.

Entre o mal-estar e o oceânico

A segunda teoria pulsional de Freud, ao introduzir a dialética entre Eros e Thanatos, indica um mal-estar na estrutura. Ou seja, existe um ponto opaco na representação, algo que, mudo, impede a satisfação sexual e funda a compulsão à repetição, eterno retorno do mal-estar. Nessa perspectiva, o mal-estar é compatível com a visada sublime onde, a partir de uma proximidade com a Coisa, uma certa necessidade de trabalho se impõe. A construção de diques e deslocamentos passa, então, a formar um labirinto sublime cujo ponto de partida é a perda do alvo sexual, bem como a própria compulsão à repetição.

Esse impedimento interno à satisfação sexual se alia às restrições da cultura. A entrada do sujeito na civilização implica a ordem simbólica onde a demanda se ancora na linguagem e se faz desejo. A fixação pulsional em determinados objetos e alvos é convocada a se desfazer e a percorrer uma via sublime.

A própria busca de uma parceria ideal na esfera do amor lança o sujeito numa total dependência em relação ao outro. O binômio amar/ser amado pode sofrer um curto-circuito e fazer retornar um desamparo. Portanto, prescindir do outro como um parceiro mais imediato, perfila-se como uma interessante saída erótica. Tal foi a escolha de Leonardo. Ao optar pela indiferença nas questões amorosas, ele se manteve distante o suficiente para empregar suas forças na observação e na avidez de saber. Não obteve, entretanto, as gratificações próprias do enlace amoroso como o reconhecimento do desejo e as satisfações sexuais.

Com fins de contraste, podemos nos referir a uma antítese do percurso sublime. Ela pode ser vista nas toxicomanias, onde a existência imediata de um objeto real abrevia o circuito pulsional. No caso, a fantasia, como tela que recria o roteiro da relação com o objeto é empobrecida e o trajeto pulsional em jogo pouco faz história.

Retomando a via do sublime, podemos ainda nos ater a uma outra saída postulada por Freud no *Mal-estar na cultura*. Um posicionamento diferente no amor, bem distante do clássico, pode implicar em grande contentamento. Trata-se de um viés da santidade onde amar o amor em si substitui a finalidade de amar um objeto. Para isso, é necessária uma grande alteração psíquica. A vertente amorosa necessita, no caso, de uma finalidade inibida. O sentimento é "imparcialmente suspenso, constante e afetuoso", como nos indica Freud.

Esse processo só é conseguido devido a uma indiferenciação entre o eu e o mundo externo, o que culmina no sentimento oceânico. Nele, todas as coisas se equivalem e o peso do bem é o mesmo, tanto dentro do eu como fora dele. Ora, no processo de diferenciação do eu, o bem é vinculado ao prazeroso e internalizado. O mau é, de alguma forma, parte integrante de um fora que constitui o mundo externo. Portanto, um amor incondicional pelo outro só pode ser sustentado a partir de uma indiferenciação.

Freud cita São Francisco como uma figura bem-sucedida nessa utilização do amor em prol do sentimento de felicidade. A forte prerrogativa ética de "amar o próximo como a si mesmo" pode se revelar inumana, uma vez que parte do princípio de uma indiscriminação sobre o valor dos homens. Nem todo homem merece ser amado. Tal elevação, a disposição para um amor universal pela humanidade, implica, entretanto, uma sublimação, forjada pelo caráter coercitivo de sua máxima que prega o amor pelo outro. A alegria desta escolha advém do fato de estar livre do extremo sofrimento que uma parceria pode causar.

A ascensão, em seu melhor aspecto simbólico, implica uma transfiguração decantada no evangelho e na pena de escritores. Presentifica-se num movimento do *logos*, do saber. A poesia é seu melhor exemplo. Opera por metamorfoses do sentido onde a letra sofre transformações inventivas: *fiat lux*, instauração de um novo estado, sublimação.

Lembramos ao leitor questões abertas que podem servir como ganchos no aprofundamento sobre o tema. Entre elas teríamos uma indagação sobre a especificidade da sublimação no psicótico uma vez que o furo, ali, encontra-se foracluído, rejeitado. Dentro desse contexto, poderíamos refletir sobre os efeitos de um trabalho real, como aquele da escrita, na estabilidade psíquica.

A maior parte dos trabalhos artísticos tem um alcance metafórico. Isso implica uma substituição em relação a uma anterioridade, um salto que indica criação. Quando Magritte pinta um cachimbo e escreve embaixo "Isso não é um cachimbo", ele sublinha o caráter metafórico da representação.

Entretanto, nem tudo na arte é metafórico. Ela pode ser suscitada pelo aspecto real do objeto e pela lógica de significantes primordiais que não passaram por um nível de substituição. Assim, há artistas que trabalham a partir de um automatismo mental, e sentenças, ordens e impropérios, por exemplo, podem ser transcritos num texto. Essas operações possuem determinados efeitos para o sujeito. Podem funcionar como um nó que garante uma estabilidade diante da vertigem

Referências e fontes

• A referência a Goethe feita na p.7 baseia-se em citação de B.S. Girons no verbete "Sublimação" do *Dicionário enciclopédico de psicanálise*, de Pierre Kaufmann (org.) (Rio de Janeiro, Zahar, 1996, p.495).

• A alusão à *Poética* de Aristóteles é feita por François Regnault no livro *Em torno do vazio — A arte à luz da psicanálise* (Rio de Janeiro, ContraCapa, 2001, p.81-3).

• O comentário de Jean Laplanche citado na p.11, encontra-se em *Problématiques* III *— La sublimation* (Paris, PUF, 1980, p.17-8).

• Nossa breve consideração sobre o sublime e o belo em Kant foram baseadas no seu livro *Observations sur le sentiment du beau e du sublime* (Paris, Flamarion, 1990).

• A trajetória do sublime em Hegel pode ser encontrada em *Introduction à l'esthétique* (Paris, Flamarion, 1979).

• Pontos nodais da teoria de Freud sobre a sublimação, além de seu estudo sobre Leonardo, podem ser encontrados em *Escritores criativos e devaneios, Os três ensaios sobre a teoria da sexualidade* e *O eu e o isso* (Rio de Janeiro, Imago, 1974, vols. IX, VII e XIX, respectivamente).

• Nossas informações sobre Leonardo foram obtidas no trabalho de Freud *Uma lembrança de infância de Leonardo da Vinci* (Rio de Janeiro, Imago, 1974, vol. IX). Consultamos também os cadernos de anotações de Leonardo em *Les carnets de Léonard de Vinci* (Paris, Gallimard, 1994). Daniel Arasse, em *Léonard de Vinci — le rythme du monde* (Paris, Hazan, 1997), fornece indicações preciosas sobre a vida e a obra do artista.

• Lacan situa o inconsciente fechado de Leonardo no capítulo XXIV do *Seminário, Livro 4, A relação de objeto* (Rio de Janeiro, Zahar, 1995).

• A referência a Valéry (p.33-4) baseia-se no seu livro *Introduction à la méthode de Léonard de Vinci* (Paris, Gallimard, 1957).

• Os comentários de Stendhal sobre Leonardo (p.35) encontram-se em *Histoire de la peinture en Italie — Autour de Léonard de Vinci* (Paris, Seuil, 1994).

• A teorização de Lacan sobre a sublimação encontra-se condensada do capítulo VII ao capítulo XII do *Seminário, Livro 7, A ética da psicanálise* (Rio de Janeiro, Zahar, 1988).

• Os versos de Platen foram traduzidos por mim e se encontram no prefácio de G. Bianquis da versão francesa de *Morte em Veneza*, de Thomas Mann (Paris, Fayard, 1971, p.19).

• A inovadora contribuição de Marco Antonio Coutinho Jorge sobre o tema pode ser conferida em *Fundamentos da psicanálise — de Freud a Lacan* (Rio de Janeiro, Zahar, vol.1, 2000, p.150-8)

• A bem sistematizada articulação entre o belo e a pulsão de morte, de Maria Inês França, pode ser encontrada em *Psicanálise, estética e ética do desejo* (São Paulo, Perspectiva, 1997).

• Marco Antonio Coutinho Jorge desenvolve muito bem a idéia da fantasia como freio do empuxo ao gozo da pulsão de morte (p.57). Em seu texto "A pulsão de morte" (*Estudos de psicanálise*, Belo Horizonte, Círculo Psicanalítico de Minas Gerais, n.26, p.23-40, out 2003) podemos situar a diferença entre a elevação do objeto ao estatuto da Coisa e a queda da Coisa para o registro do objeto, presente, por exemplo nas toxicomanias.

• O desenvolvimento freudiano sobre o amor na santidade encontra-se no ensaio *O Mal-estar na civilização*, de Freud (Rio de Janeiro, Imago, 1974, vol. XXI, p.122).

Leituras recomendadas

Além das obras mencionadas nas Referências e fontes, indicamos outras que podem ajudar o leitor a se familiarizar com o tema.

O já citado trabalho de Daniel Arasse, *Léonard de Vinci — le rythme du monde* é extremamente elucidativo mas, infelizmente, não conta com uma versão em português.

Em um livro desta mesma coleção, *Arte e psicanálise* (Rio de Janeiro, Zahar, 2002), Tânia Rivera aborda de forma acessível algumas questões sobre a sublimação.

O Dicionário de psicanálise — Larousse, de Roland Chemama (Porto Alegre, Artes Médicas, 1995) é um bom dicionário que pode situar o leitor em relação aos conceitos fundamentais da psicanálise.

Em *Fundamentos da psicanálise — de Freud a Lacan*, citado anteriormente, Mario Antonio Coutinho Jorge, além de trabalhar os principais conceitos da psicanálise, contribui de forma original para a construção da sublimação na perspectiva freudo-lacaniana.

Ao abordar a arte no livro *A nota azul — Freud, Lacan e a arte* (Rio de Janeiro, ContraCapa, 1997), Alain Didier-Weill toca num dos pilares mais importantes do conceito de sublimação.

O já citado livro de Maria Inês França, *Psicanálise, estética e ética do desejo*, se configura como uma abordagem bastante exaustiva das principais temáticas implicadas na sublimação.

Organizado por Pierre Kaufmann o *Dicionário enciclopédico de psicanálise* esclarece os principais conceitos da psicanálise e aprofunda alguns temas correlativos à nossa disciplina.

Lições sobre a analítica do sublime, de Jean-François Lyotard (São Paulo, Papirus, 1993), é um trabalho que problematiza e aprofunda a questão do sublime em Kant.

Sobre o autor

Orlando Cruxên é psicanalista e professor da Universidade Federal do Ceará (UFC), onde atua no Departamento de Psicologia junto à graduação e ao mestrado. Mestre em Sociologia pela UFC e doutor em Psicologia pela Université de Paris XIII, é autor de diversos artigos publicados em periódicos científicos e de *Léonard de Vinci avec le Caravage: hommage à la sublimation et à la création* (Paris, L'Harmattan, no prelo). É membro do Corpo Freudiano de Fortaleza — Escola de Psicanálise. Marco Antonio Coutinho Jorge e Laéria Bezerra Fontenele incentivaram a realização deste livro, bem como fizeram generosas revisões.

Psicanálise **PASSO-A-PASSO**

- **O adolescente e o outro**
  Sonia Alberti
- **Mito e psicanálise**
  Ana Vicentini de Azevedo
- **Sonhos**
  Ana Costa
- **Édipo**
- **Psicanálise com crianças**
  Teresinha Costa
- **Freud: criador da psicanálise**
- **Lacan, o grande freudiano**
  Marco Antonio Coutinho Jorge e Nadiá Paulo Ferreira
- **A sublimação**
  Orlando Cruxên
- **Freud e a religião**
  Sérgio Nazar David
- **O conceito de sujeito**
  Luciano Elia
- **A teoria do amor**
  Nadiá Paulo Ferreira
- **Histeria: o caso Dora**
  Nadiá Paulo Ferreira e Marcus Alexandre Motta
- **A interpretação**
  Laéria Fontenele
- **Freud e a cultura**
  Betty Fuks
- **Política e psicanálise**
  Ricardo Goldenberg
- **A psicose**
  Andréa M.C. Guerra
- **Angústia**
  Sonia Leite
- **Linguagem e psicanálise**
  Leila Longo
- **Para que serve a psicanálise?**
- **A transferência**
  Denise Maurano
- **Depressão e melancolia**
  Urania Tourinho Peres
- **Feminino/masculino**
  Maria Cristina Poli
- **Os outros em Lacan**
  Antonio Quinet
- **A neurose obsessiva**
  Maria Anita Carneiro Ribeiro
- **Arte e psicanálise**
- **Cinema, imagem e psicanálise?**
  Tania Rivera
- **Trauma**
  Ana Maria Rudge
- **A paixão**
  Marcus André Vieira
- **Educação e psicanálise**
  Rinaldo Voltolini